ESTAMPES

Anciennes

IMPRIMÉES EN NOIR ET EN COULEUR

DES

Ecoles Française & Anglaise

BEAU MOBILIER

Tapisseries Anciennes

DÉPENDANT DE LA SUCCESSION DE M. K...

COMMISSAIRE-PRISEUR

Me LAIR DUBREUIL

EXPERTS POUR LES ESTAMPES

MM. PAULME et B. LASQUIN

PARIS. — Imp. C. CHAUFOUR

8-10, rue Milton

Catalogue

D'ESTAMPES

ANCIENNES

imprimées en noir et en couleur

DES ÉCOLES FRANÇAISE & ANGLAISE

par ou d'après

Bartolozzi, Baudouin, Bigg, Boilly, Collett, Drouais, Fragonard
Freudeberg, Gainsborough, Hamilton, Huet
Kauffmann, Keating, Marillier, Morland, Northcote
Soldtz, Smith, Watteau, Whealley, etc.

BEAU MOBILIER

pour Salons, Salle à manger et Chambre à coucher

BRONZES D'ART & D'AMEUBLEMENT

Porcelaines, Faïences, Objets de vitrine

TAPISSERIES ANCIENNES

Rideaux, Tentures, Tapis

dépendant de la Succession de M. K...

DONT LA VENTE AURA LIEU

HOTEL DROUOT — SALLE N° 2

Les Vendredi 29 et Samedi 30 Avril 1904

à deux heures

M⁰ F. LAIR-DUBREUIL	**MM. PAULME et B. LASQUIN fils**
COMMISSAIRE-PRISEUR	EXPERTS POUR LES ESTAMPES
6, Rue de Hanovre, 6	*10 R. Chauchat & 12 R. Laffitte*

CHEZ LESQUELS SE DISTRIBUE LE PRÉSENT CATALOGUE

EXPOSITION PUBLIQUE

Le Jeudi 28 Avril 1904, de 2 heures à 6 heures

CONDITIONS DE LA VENTE

La vente sera faite expressément au comptant.

Les acquéreurs paieront 10 o|o en sus des adjudications.

L'exposition mettant le public à même de se rendre
compte de l'état des objets, il ne sera admis aucune récla-
mation une fois l'adjudication prononcée

Imp. C. Chaufour, 8-10, rue Milton, Paris.

DÉSIGNATION

ESTAMPES ANCIENNES ENCADRÉES

BARTOLOZZI (F.)

1 . The Graces crowning the Bust of Raphael.
   Gracieuse petite estampe en bistre d'après **Cipriani**.
   Toute marge.

BAUDOUIN ET CHALLE (D'après)

2 . Les Amants surpris. — La Défaite.
   Deux estampes par de Launay et Marchand.

BIGG (D'après W.)

3 . Jeune matelot racontant son naufrage. — Le Retour du jeune matelot.

> Deux estampes en couleurs, faisant pendants, gravées par Schmitz. Marge.

4 . The Plundering Vagrants, or Gipsieo delectad.

> Estampe en couleurs gravée par W. Barnard.
> Superbe épreuve.

5 . Favourite chickens going to market.

> Estampe en couleurs, gravée par Pether. Marge.

BOILLY (L.)

6 . La Perruque du grand'père. — Le Bonnet de la grand'mère.

> Deux lithographies en couleurs. Marge.

COLLETT (D'après J.)

7 . Courtship. — The Elopement. — The Noneymoon. — Discordant matrimony.

> Suite de quatre estampes en noir gravées par J. Goldar. Marge.

DROUAIS (D'après)

8. **Les Enfants du Comte d'Artois.**

> Estampe en noir par Beauvarlet. Très belle épreuve, à grande marge.

ÉCOLE ANGLAISE DU XVIIIᵉ SIÈCLE

9. **Six petites gravures en couleurs, d'après Hamilton Wheatlen et autres. Jeux d'enfants.**

> En couleurs.

FRAGONARD (D'après)

10. **Le Chiffre d'amour.**

> Estampe en noir par de Launay. Remargée.

FREUDEBERG (D'après)

11. **Le Départ. — Le Retour.**

> Deux estampes en couleurs faisant pendants. Sans marge.

GAINSBOROUGH (D'après)

12. Hobbinol and Ganderetta.

> Estampe en couleurs par Tomkins, élève de Barto-
> lozzi. Marge.

HAMILTON (D'après)

13. Morning. — Evening.

> Deux estampes en couleurs de forme ovale, faisant
> pendants, gravées par Tomkins.
> Superbes épreuves, à petite marge.

14. Les mêmes estampes.

> Epreuves en bistre, à grande marge.

HUET (D'après J.-B.)

15. La Bonne chienne. — La Chèvre bien aimée.

> Deux estampes en couleurs par L. Bonnet.

KAUFFMANN (D'après Ang.)

16. Deux petites pièces rondes finement gravées par
Schiavonetti.

KAUFFMANN (D'après Ang.)

17. Deux petites estampes, ovales, en bistre par
Bartolozzi.

KEATING (G.)

18. A Boy's school. — A Girl's school.

> Deux estampes en noir faisant pendants. Marge.

MARILLIER (d'après)

19. Portrait de Louis XVI dans un entourage orne-
menté.

> Gravé par Dupin. Marge.

MORLAND (d'après G.)

20. The happy Cottagers. — The Gipsies tent.

> Deux belles estampes en couleurs faisant pendants,
> par G. Grozar. Marge.

21. Morning, ou le Départ du chasseur. — Evening,
ou le Retour du chasseur.

> Deux estampes en couleurs faisant pendants, gra-
> vées par Ward. Superbes épreuves sans marge.

MORLAND (D'après G.)

22. La Famille du fermier. — La Halte dans les bois.

> Deux charmantes estampes en couleurs faisant pendants. Sans marge.

23. Morning, or the Higlers preparing for market. — Evening, or the Post boy's return.

> Deux estampes en couleurs faisant pendants, gravées par Orme. Superbes épreuves.

24. Constancy. — Variety.

> Deux estampes en couleurs faisant pendants, par Bartolotti. Grande marge.

25. The Elopement. — The Virtuous parents.

> Deux estampes en couleurs faisant pendants, par Bartolotti. Grande marge.

26. A tea garden.

> Copie ancienne en réduction de l'estampe de Soiron.

NORTHCOTE et BUNBURY (d'après)

27. Histoire de Charlotte et Werther.

> Suite de quatre estampes en couleurs, de forme ronde, par Knight et Bunbury. Marge.

SLODTZ (d'après)

28. Le Bal du May.

Estampe en noir par Martini. Marge.

SMITH et NORTHCOTE (d'après)

29. A visit to the Grand'father. — A visit to the grand'mother.

Deux belles estampes en couleurs faisant pendants, gravées par Smith et Ward. Sans marge.

SMITH (J.-R.)

30. La Lecture d'Ovide.

Belle estampe en couleurs. Sans marge.

SMITH (D'après J.-R.)

31. Mrs. Mills. — Delia in the Country.

Deux estampes. Copies modernes.

WATTEAU (D'après Ant.)

32. « Sous un habit de Mezzetin ».

Estampe en noir par de Larmessin. Marge.

WATTEAU (D'après ANT.)

33. Morning amusement. — Evening amusement.

Deux estampes ovales en travers, gravées par Blake.
Epreuves imprimées en rouge.

WHEATLEY (d'après)

34. Cri de Londres n° 1. — « Two bunches a penny ».

Estampe en couleurs gravée par Schiavonetti.
Superbe épreuve. Marge.

35. Vues d'optique et autres. — Vues de Londres, coloriées.

36 — Sous ce numéro, quelques estampes non cataloguées.

BON MOBILIER

Salle à manger en chêne sculpté.

Vitrine argentière en chêne sculpté.

Bahut en bois sculpté.

Bureau vitrine en bois de rose.

Meuble Bibliothèque en marqueterie de cuivre.

Bibliothèque en chêne sculpté.

Bureau en noyer.

Piano à queue d'Erard, en palissandre.

Deux bibliothèques tournantes.

Secrétaire en marqueterie de cuivre.

Tables à thé et à jeu.

Meuble de salon garni en tapisserie.

Canapés, chaise longue, fauteuils et sièges divers
garnis en soie et en velours.

Armoires à trois portes en acajou.

Armoire à glace en palissandre.

Meubles courants en acajou et pitchpin.

Glaces.

BEAUX BRONZES D'ART

et d'Ameublement

Statuette en bronze « Poète italien » Edition de Thiébaut.

Statuette de Henri IV Enfant. Edition de Barbedienne.

Statuette : David vainqueur de Goliath. Edition de Barbedienne.

Belles garnitures de cheminées en marbre et bronze et en bronze doré.

Lustres, appliques.

Suspension à gaz.

Lampes en bronze.

Lampe de parquet.

Galeries de foyers, chenêts.

Lanterne d'antichambre.

Bronzes de la Chine et du Japon.

Lits en cuivre.

Pendules en marqueterie de cuivre.

PORCELAINES, FAIENCES

Lampes, vasques, jardinières, bouquetières, vases,
plats, assiettes.

TAPISSERIES, TENTURES, TAPIS

Deux tapisseries anciennes dites verdure.

Bandeau en ancienne tapisserie.

Rideaux en soie et en laine.

Tapis d'Orient et en moquette.

Literie, linge de maison.

Services de table et à dessert, en porcelaine.

Service de verrerie en cristal.

Baignoire émaillée.

Glacière.

Batterie et ustensiles de cuisine.

Vins fins.

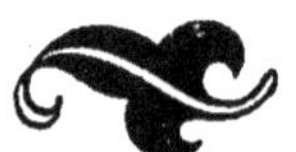